伝説にならないで

ハロー言葉、あなたがひとりで打ち込んだ文字はわたしたちの目に見えている

成宮アイコ

Photo : Naoki Tajima

まえがき

　家に帰宅してから1時間半ほどたつのですが、コートも脱がずベッドに転がったままスマホに文字を打ち込んでいます。気力はゼロ。エアコンもつけずに寝転がっているので、いくらコートを着ているからといっても体がシンシンと冷えていきます。もう遅い時間だし、明日も早いのに、お風呂までの距離がフルマラソンのように思えることってありませんか？　普段はよくあんなに普通の顔をしてお風呂を余裕でこなせるな、と思ったら生きてることってほんとうにすごいなと感心しました。いや、ほんとうにすごいな……。

　わたしたちはみんな、それぞれ自分なりの理由にもとづいた正義があって、それぞれが自分の人生を必死に続けているのに、無意識に他人の人生を見下してしまいそうになったりします。たとえば、自分の好きなものをきらいだったり、相手のきらいなものを好きだったりするような、ほんのちょっと自分と意見がちがうという理由で。だから意識して気をつけないと、自分もそんな思いを抱いてしまいそうで不安になります。
　そして、だれかがボリュームをマックスにしてぶつけてきた正義は、相当の確率でわたしにとっての正義ではなかったりします。正論も同じく。

　お風呂になかなか入れないこと、二度目ましてが苦手だから人を避けてしまうこと、春になると悲しくなってしまうこと、自分なんかにごはんを食べる権利がないと思って咀嚼がむなしくなってしまうこと、お母さんになりたいと思えたことがないこと、学校生活の思い出も家族団欒の思い出もないこと、何歳になっても子どものころの自分に足をとられてしまうこと。ベッドから起き上がれないまま、ぐるぐると考え続けてしまいます。
　こんなとき、SNSの世界は案外優しくて、「お風呂になかなか入れない問

題」を愚痴ったら、知らないだれかが共感して話しかけてくれました。人は
ちゃんと優しい。弱さをさらけ出した偽名同士になると、とくにそう思いま
す。ニュースに取り上げられるSNSはそうじゃない面ばかりが強調されま
すが、やっぱり人は優しい。世界中のどこにも、人を傷つけてもいい正義な
んてないし、わたしたちそれぞれ全員が大丈夫でいることがいちばん大切。

　そのうち、あの正論の轟音を、鳴り止ませたいと思うようになりました。

　詩は、書いた年代順になっています。

　自分の世界を変え続けていても、世界が変わらないことに落胆をしないた
めに、言葉にし、声に出してきたうちの32編です。(もちろん、これより前に
書いていたものもたくさんあるのですが、やっぱり気恥ずかしすぎました。)

　傷つかない人間なんていると思うなよ。これからもずっとそう言い続け
ていきたいと思っています。できるだけ死なないでほしいと思うから、死な
なくてすむような選択肢が増えてほしいし、そうすることを考え続けたいし、
世界はいっぱい優しくあってほしい。

　だからどうか、伝説にならないで。

成宮アイコ

もくじ

3 ——————— まえがき

7 ——————— 書き残しが不安で書き始められないから夜が終わらない

9 ——————— あなたのドキュメンタリー

17 ——————— 4文字じゃたりない

19 ——————— この衝動はきみのもの

25 ——————— くそくらえのハンドサイン

29 ——————— 冬の動物園前一番街

31 ——————— されど、望もう

39 ——————— ぼくたちが優しくなるためには

41 ——————— わたしが優しくなるためには

45 ——————— むだい

47 ——————— 朽ちていく現実の話をしよう

49 ——————— 環状七号線で拾った希望

51 ——————— 暫定朗読詩人が書くこの文章は全部うそ

53 ——————— 白で塗ってあげる

55 ——————— 美しい自尊心

59 ——————— あなたが望むのなら

61 ——————— 戦わない日のうた

65 ——————— ひとりぼっちずつで手をつなごう

67	薬局がショッピングモールに変わるような街で
69	言えなかったけど、
71	それぞれのわたしたち
73	検索窓が開かないまま知らない道だけを進んでいる気持ち
75	夜の公園でなんでもないような話しをすることを エモいとすら思わなかったころの自分のことは忘れた
77	愛せない日常と夜中のイヤホンで流れるアイドル
79	世界など変えられなくていい
81	Hello, Word ！ 楽しそうに死なないで
83	４カウントだけずるく生きる
85	孤独をえらぶ癖は花火の燃えかすに似ている
87	299792458m/s
89	正面で待ってる
91	はじめまして、Nameless
93	伝説にならないで
97	あとがき

書き残しが不安で書き始められないから夜が終わらない

140文字以下の遺書はいくらでも見つかる。
「死にたい」の4文字でエンターキー。

雨ふりの予報、雨ふり前の頭痛。
ノーシンピュアの箱はかわいい。
わたしはずるいから、自分の周りの人たちが
死ななければいいのにと思う。

そうやって過ごした毎日のことを考える。
そう遠いことではないでしょう、あなたも。
もう一回　あの時の自分をやりなおすとしたら
耐えられないような気がするから、
助けられそうな言葉をなにひとつ持っていない。

夏になる少し前　草のにおいがする川べりは
大事な思い出のはずだったけど、
何年前、誰といた思い出なのか
ぜんぜんなにも　思い出せない。

思い出せない思い出。
息苦しくなる湿度のにおい。
遠くから漂ってくる居酒屋のにおい。
髪の毛一ミリにでも外部のにおいがつきたくない。

まだ平日がはじまったばかりなのに　うるさい駅のざわめき

両極端の気持ちが　いくらでも過去のことをよびだせる
引きずり込まれるもんか、とイヤホンの音量　ひとつあげる。
死ぬほどうるさいピストルズを　なんでもない顔をして聴く
英語はひとつもわからないから、ただの呪文。

白い背景に12pxくらいの真っ黒の文字で書いていた日記。
そこではじまったこと。その先で終わったこと。

書き残さないと不安で明日になんてなれないけど、
書き残しが不安でなにも書き始められないでいる。
それはまるで、何日も同じ夜をくりかえし生きてるみたいだ。
このままずっと夜が終わらない。
気付かないうちに押し続けてしまったスペースキーのような
なにもおぼえていない毎日はこわい。

おはようの言葉とそのあとに続く無言。
あれもいやだしこれもいやだから、イヤホンの音量　もうひとつ　あげる。

少し前まで通っていたメンタルクリニックの窓の明かりが
すりガラスから漏れてる
どうせ眠れないし、22時にコーヒーを飲むことも許すことにした。

140文字以下の遺書がいくらでも見つかる時代。
「死にたい」の4文字でエンターキー。

生きているわたしが　生きているあなたの言葉を検索してる。

2015 年

あなたのドキュメンタリー

遠くにありておもうのも
そして悲しくうたうのももうやめたいのに、
故郷への愛憎が少しも消えない。
このかっこわるさがわたしの現実だ。

人生は　推敲を重ねた作品ではないのだ。
これは　あなたの現実だ。

本屋さんの入り口にある
今週のベストセラー棚に並ぶような言葉ではなく、
すげー読みづらいブログみたいな
感情過多でとっちらかっている言葉こそ
わたしは　愛している。

名前も知らない誰かがつぶやいた
「学校だるいーマジ病む〜」とか
「寂しいからリスカしたさしかない」とか
「いろんなことがつらたん」だとかに感じるリアリティ。
言葉は手段のひとつでしかない。

もっと軽々しく140文字のツイートをしよう。
感情を捨てないで、軽々しく吐き出そう。

あなたの人生は芸術作品ではない。

感情は作品ではない。

命に点数はいらん。

メンタルヘルスを語るときにイノセントな言葉はいらん。

人間はお人形ではない。

感情は勝負ごとではないのだ。

これはわたしのドキュメンタリーだ。

そしてあなたの現実だ。

今この瞬間は　あなたが毎日を紡いできた証だ。

いまこの瞬間にいるのは、

あなたが毎日を紡いできた証だ。

いまここにいるのは、

あなたが頑張って生きてきた証だ。

近所の人が寝静まった夜中に車の中で好きな音楽を流して

じっと息をひそめ、暗い空を見上げる。

「まるで、ここはシェルターだな」なんて思ったきみのことも。

コンクリートの車止めに座って缶コーヒーを飲んで

道を行く人と自分との世界は

ほんとうに同じものなのか　と考えていたきみのことも。

眠れない夜に家を抜け出して

誰の笑い声もしない公園で、

つまり誰も自分を笑うものがいない公園で

ブランコに揺られていたきみのことも。

グループ行動が苦手で、
どんどん透明になっていく自分を保つために
屋上で泣いていたきみのことも。

たくさんの生徒がいる体育館に入れず、
重い扉の前で全校集会が終わるまでを
そっと過ごしていたきみのことも。

子供のころに走りまわった河原を見つめて、
いつからこうなってしまったのだろう、と
生まれ育った風景が遠く感じたきみのことも。

今度こそちゃんとやろうと焦っても
コミュニケーションの段階でつまずいてしまって
「真面目系クズ」と自分を揶揄してしまうきみのことも。

にらんでなんかいないのに
目つきが悪い！ と殴りかかられ、
それからサングラスが手放せなくなってしまった
きみのことも。

わたしから実感だけが抜け落ちて
こころが空っぽになってしまってね、
自分がいなくなってしまう気持ちなの、と
悲しそうに笑ったきみのことも。

重たい心に支配されて床から体を起こせないまま
まとめサイトで「炊飯器でケーキを焼くよ」っていうスレッドを見て、
なぜか少しだけ笑ってしまったわたしのことも。

大丈夫じゃないけど大丈夫、
というくらいまでは来られたんだ。
何も解決しないし、
ほんとうに大丈夫じゃないときもあるけど
大丈夫なときもある。
わたしは地位も名誉もお金もメンタルの健康もないから
こうして体現していくしかないのだ。

そしてそれは、
あなたの生きてる姿もそうだよ。

人間だからいろんな感情がある。
悪い気持ちもどす黒い気持ちも、
あいつばっかりってうらやむ気持ちも、
自分だけ足りないと落ち込む気持ちも、
自分以外の全ての人が生産的で立派に見える気持ちも。

それら全てを
体現せよ！
悲しみも苦しみも
鬱も怒りも悔しさも

体現せよ！
あなたの存在を
体現せよ！
失敗しまくって挫折しまくって
あなたの感情を
生きてるってことを
体現せよ！

それはね、
あなたの生きてる姿もそうだよ。
あなたの生きてる姿も、
あなたの生きてる姿もぜんぶそうだよ！

喜劇のもつ切なさ、強烈にグッとくる一瞬のために。
わたしはばかばかしい風に話して笑っていたい。
言葉の必殺技を確実に使いたい。
メンタルヘルスや生きづらさに無関心な層に
的確に的中したい。
鬱は甘えだとか　いじめられる側が悪いっていうやつに
的確に的中したい。
そして精神に限らず障害を美化するやつに、
的確に的中したい。
ゴミではない！ そして天使でもない！
わたしは、この現実を的確に突き刺したい。

こんなもの過ぎたら忘れてもいい。

いつかすっかり元気になって、

メンタルヘルスのことを考えなくなる時が来たら

わたしなんか忘れてもいい。

でも忘れられるためには、出会わなくてはいけない。

だから続けるのだ。

死なない手段のひとつになるために

こんなださいことを続けるのだ。

だから、鬱の苦しさも、

あなたの生きづらさも

確実に突き刺さるように言葉にしたい。

それが、無関心さに伝えるための、

一番の希望だと思っているんだよ。

人生は、

推敲を重ねた作品ではない

これは、

あなたの現実だ。

人生は芸術作品ではない。

感情は作品ではない。

命に点数はいらん。

メンタルヘルスを語るときにイノセントな言葉はいらん。

人間はお人形ではない。

感情は勝負ごとではない。

これはわたしのドキュメンタリーだ。

そしてあなたの現実だ。

いいか、これはあなたの現実だ。

これが、わたしの現実だ。

それがあなたが体現し続けてきたドキュメンタリーだ。

これが、あなたが体現し続ける、わたしが体現し続ける、ドキュメンタリーだ。

終わらせるな、終わらせるなまじで。

あなたのドキュメンタリーは

あなたの目でこれからも撮影し続ける毎日のことだよ。

あなたが体現し続ける、わたしが体現し続ける、

この、どうにもならない毎日のことだよ。

今この瞬間は

あなたが毎日紡いできた証だ。

いまこの瞬間にいるのは、

あなたが毎日を紡いできた証だ。

あなたが生きてきた証だ。

2019年、7月27日、あなたが毎日を紡いできた証をここに証明します。

超えらいぞ

Photo：無水教一

4文字じゃたりない

2016 年

「おはよう」とか「おやすみ」とか　それだけならいい

わたしが伝えたいことが
「おはよう」とか「おやすみ」とか　それだけならいい

わたしが言いたいことが
「おはよう」の 4 文字なら　毎日　言える言葉だし

わたしが言いたいことが
「おやすみ」の 4 文字なら　毎日　言える言葉だし

だけど
「好きだ」とか「愛してる」とかそういうのじゃなくて
「おはよう」とか「おやすみ」とかそういうのじゃなくて
言いたいのは　全然　そういうのじゃなくて

吐き捨てるほどありあまっているから　黙ったままで連れてきた
だけどやっぱり、連れて帰るね
ここまで黙ってるふりしてたけど
だけどやっぱり連れて帰るね

右足が「だいじょうぶ」で、
左足が「ここにいる」というような、そんな気持ちで歩く
だいじょうぶ　ここにいる
だいじょうぶ　ここにいる
そんな気持ちで歩く

だからやっぱり　連れて帰るね
それぞれを生きる「りゆう」のほうが
もっと　ずっと　すごいんだもの

2016 年

この衝動はきみのもの

知らない家の玄関のドアにつるされている
「welcome」のプレートを見るたびに
毎日とんでもなくうらやましい気持ちになるのだけど
どう「うらやましい」のかっていう理由がわからない

知らない人の穏やかな生活をつづるブログに
なりたかった自分の像を投影している

夫婦が柴犬を飼って、柴犬が子供を産んで、
長女が大学で東京へ引っ越して、その間に猫が増えて、
大学を卒業した長女が就職のために実家に戻り
現実のストーリーは続く
そんなブログを10年近く　毎日毎日読み続けている

穏やかな日常を大切にできる生活や人に羨望し続けて
真似をしては結局ぶち壊して逃げてしまうのは、
わたしの人生のこれまでに
「穏やかな日常」なんてそもそもなかったから
それを日常と思えないのだ

だけど、わたしでも手にとれる愛情のかたちを
最近、2つ手に入れた
それは魔法の言葉だ
「お誕生日おめでとう」と「おかえり」

これは
「生きていてくれてうれしい」
と同じ意味に思えてうれしい

あなたに言いたい
おかえり
お誕生日おめでとう

これがわたしにできる、わたしにもできる、
逃げ出さずにできる愛情の形だ

botしかいないような夜中の時間帯に
自分語りをしている人のことが愛おしくてたまらないし、
翌朝、それがツイ消しされていると
秘密の暗号を解いてしまったような気持ちがして
ますます愛おしくてたまらない　わたしもそうだよ

すぐに古くなるLINEの言葉、
すぐに古くなる自分の気持ち、
すぐに古くなる流行語やネットスラング、
つぶやいては流れていくタイムライン、
消えてしまうものが愛おしくてたまらない
全部を使って全部を消費しつくしたくなる
どうせ　なくなるのだから

人が死ぬということは、
スマホのホーム画面にカウントアップアプリが張り付くということ
恋人同士が使う「付き合った日から何日？」を知らせる
かわいいくまモンのアプリが
あの子が死んだ日からの日数を数え続けるということ

人が死ぬということは、
約束した日が来てもあの子がいなくて
そこにはわたししかいないということ
ある日　突然　ゼロになるということ

人が死ぬということは、
高円寺駅のホームでの約束も、
一緒に買いに行ったフライパンの置き場所も、
定食屋さんのご飯が多すぎるから次は少なめって言おうねとか、
それが全部なくなること

命のことや心に関してのことは、ゆずってやったりしない
いきどおったら恥ずかしいとか　本音がかっこわるいとか　本気を笑うとか
そういうのはもういい
だれかの感情をへし折らせない　わたしの意志はわたしが守る

YouTubeが不適切だといって消したわたしのライブ動画も
Amebaが不適切だといって消したわたしのブログの言葉も
感情はとても簡単に、くだらない理由で踏みにじられる

バトンまわすのもひろうのもめんどくさいなんて言ってたら
自分だけ生き残ったら孤独死するぞ

地元でのライブに、
指先しか動かせない進行性筋ジストロフィーの方が
電動車椅子で、片道2時間以上かけて来てくれて
わたしに「アイコちゃん、夢にむかって舞い上がれ」と
手書きのポストカードを書いてくれた。
ギリ読める文字の、あの重み、分かるか？
あの重み、まじで、分かるか？
切り落とすなよ　あの重みを　わたしたちは切り落とすなよ
命の重みと人が生きていることの重みを　無視しないでいて

人が生きていることの実感、
人間が生きていることの実感、
どうしたら伝わるのか
だから、あがき続けたい、
わたしはあなたに投げかけ続けたい、

感情や出来事や、確かにここにあったことについて
なかったことにするスルースキルなんていらない

わたしたちが、365回繰り返し続ける24時間の中には、
意味のないものなんてなかった

わたしの衝動はあなたには作れない
わたしの衝動はわたしが作るから

あなたの衝動はわたしには作れない
あなたの衝動はあなたが作るから

あなたのストーリーに沿わない自分を生きる
今度はもう、誰かのブログに沿わない、わたしを生きる
誰かに自己投影して自分を分裂させない、わたしを生きる

あなたの人生はわたしには作れない
わたしを生きる、わたしはわたしを生きる

そして、また、
さみしくなるなら、次の予定を作ろうね
死にたくなったら、次の予定を作ろうね

こうやって、次の予定を作り続けるから、
あなたには　できたらどうしても　生きていてほしい

―放ちたい言葉があるから左手でぎゅっと握ってお守りにする

くそくらえのハンドサイン

2016 年

考えてくれ
生きていることを
考えてくれよ
命のことを
考えてくれ
誰にも心があることを
考えてくれ
誰もが傷つくことを
考えてくれ
死ぬことを
考えてくれ
人が死んでしまうことを
考えてくれ
人がいなくなってしまうことを
考えてくれ
もっともっともっと
もっともっともっともっと

「寂しい」は 埋めるとさらに「寂しい」が倍増するから
このままどこまでも連れていこうよ

解消すると　解消する前より増えるものって
感情でたくさんあるし
埋めると　埋める前より空っぽになることって
感情でたくさんあるし

わたしは　そういうことをすべて　言葉にして読み捨てたい
ピーマンもゴーヤも大好きだけど
噛み砕いても　噛み砕いても
寂しい苦味なんて笑えないんだよ

大阪のドヤ街の屋上で　大好きなその街を眺めながら
甘いだけの缶コーヒーを飲んでいたら
年末年始を生き抜くための越冬闘争の日に
フリーライブを見ながら
あべのハルカスに中指を突き立てていたおっちゃんがいた
と　聞いて　想像だけでもフォトジェニックすぎてグッときた

日本一のスラム街と呼ばれることもある街のどこからも
見える300mのあの超高層ビル
そこに登ったらここにいるわたしたちのことなんて
見落とされるんだろう

わたしは中指をたてたことがない
でも　なぜ中指なんだろう　と思ってウィキペディアを見たら
昔は「鳥をすばやく投げる」という意味であった
と書かれていた

だからわたしは「鳥をすばやく投げる」という意味だということにして
言葉で中指をたてようと思う

わたしが死にたいと思った今日は
誰かが生きたいと思った今日なんて
そんなこと　ちゃんと　わかってるんだよ
自分以外のひとが超すごくて
なにもかもスーパー鉄人な気持ちがして
どれだけがんばれても　平均値にすら届かない気がするけど
他人も劣等感を持っていることがあるのを
忘れないでいることは難しい

劣等感はわたしだけのものじゃない
劣等感はあなただけのものじゃないよ
うっかり不正取引して　つい独り占めしそうになるけど
劣等感は自分だけの中にあるわけじゃない
ということ　ときどき　わたしたちは　思い出そうね

「寂しい」は 埋めるとさらに「寂しい」が倍増するから
このままどこまでも連れていこうよ
言葉などすぐに消えうせるし
なんの意味にもたどりつけないということを
わざわざ言葉で書き続ける　わざわざ声に出して叫び続ける

今までだって　何度も
言葉など　なんの意味もないなと思ってきたし
それを目の当たりにしてきたのに　それでもまだ

一番信用してない言葉を書き続けて
わざわざそれを読むことに望みをたくしている
一番信用してないのは言葉なのに
そしてまた　言えなかったことを書き続ける

―くそくらえ言葉なんてと書きなぐる言葉を夢中で叫び続ける

考えてくれ
生きていることを
考えてくれよ
命のことを
考えてくれ
誰にも心があることを
考えてくれ
誰もが傷つくことを
考えてくれ
死ぬことを
考えてくれ
人が死んでしまうことを
考えてくれ
人がいなくなってしまうことを
考えてくれ
もっと
もっともっともっと
気づいてくれ

わたしは　言葉で　鳥を　なげる

冬の動物園前一番街

2016年

三角公園の階段に座って50円で買った缶コーヒーを開ける
見たこともないメーカーの見たこともないパッケージ
のどが焼けるように甘ったるいから楽しい
対角線にいたおっちゃんから大声で
「ねえちゃん、寒いなあ」と声をかけられ、
なんたってこんな遠くでと思いながら
「そうですねえ」と声を張り上げたら笑いがこみあげてきた

道端に置いてある破れたソファで食べる150円のこぶうどん
ブルーシートの上で売られているパッケージが色褪せた熟女AV
真夜中に聞こえる怒号とシャッターになにかがぶつかる音
はみだしてしまうほどの人間味
スナックからだだ漏れしているカラオケは
わたしの寂しさに似ていて
だれかと話したかった欲求にも似ていた

首をすくめて歩く12月の動物園前一番街
「ねえちゃん、寒いなあ」と　通り過ぎていく自転車のおっちゃん
小さくなっていく背中にむかって　「そうですねえ」と声をあげる
まるでデジャブだ
今年もまた、雪が降るだろうか

生活感のない高層マンション　階段を降りれば飛田新地
家のあかり、ボクシングジムの蛍光灯、

たこ焼き屋さんの電球、ソースをつけすぎたコロッケ
古い民家からごはんのにおい、黒になりきれない夜空
「おにーちゃん、この子いい娘やで」と呼び込みの声
ハイボールの向こう側に見える人生がゆらめいた
風景に飲まれて、わたしはちゃんと生きている

たぶん　孤愁は味方だった
抱えきれなくて溢れ出した孤愁は
ちゃんと自分自身の味方だった
わたしの孤愁は　ちゃんと　わたしの味方だったのだ

だから、この言葉は復讐ではない
これはわたしたちの決意だ
わたしは死なないし、あなたも死なない
次に会う約束をしたから　わたしたちは死なない

飛田新地の明かりを背中に
そびえ立つ300mに向かって小指を突き立ててみる

いいか、あべのハルカス、これは約束だ
わたしは自分のことを諦めないから

だって孤愁は味方だったのだから
わたしたちは自分たちのことを諦めないから
これは約束だ

されど、望もう

2016 年

今日の気温は31度です、と
ニュースが言ってたから感じる暑さは
意識しないと消え失せそうな皮膚感覚

雨に降られたくないから確認するテレビを消す瞬間に流れる
日本中が知っている殺人事件
寝る前に検索をかけては
まとめサイトや関連するひとの証言を聞き、
自分勝手に投影し続ける
ときには被害者へ
そして、ときには加害者へ

「こんな事件を起こすような子じゃなかったのに」
と泣き叫ぶおばあちゃんのインタビューを聞きながら
「こんな事件を起こさない道もあったのに」
なんて思ってから、知ったつもりになるなよな、と自分に思う

今ではない、過去のことを知っただけなのに、
まるでその人の何もかもを知ったつもりになってしまう恐怖
卒業アルバムを見ても本当にわかるのは面影だけだ
それ以外はなにもない

わたしのパソコンの検索履歴を毎夜こうして消すたびに
この現実ごと全て消え失せればいいのに

そうしたらわたしが毎日毎日毎日毎日
こんな事実を全てなにもかも消してやると思いながら抹消する履歴

消去します
ただしパソコンの中でだけ
消去しました
ただしわたしのパソコンの中でだけ
現実は消えてなくなったりしない　さっきと同じ自分がここにいるだけ
あのインタビューで泣いていたおばあちゃんが生きている世界で
さっきと同じ自分がこうして生きているだけ

生きてきた道よ
振り返りたくないから消えてくれよ
振り返りたくないから消えてくれよ
振り返りたくないから、
消えてくれ

自分が自分の代替のような違和感がもっと遠ざかって、
たとえば誰かの代替をしていた自分の代替をしているような違和感
わたしの役をやっているわたしの気持ちなんて書いてもつまらんから
ここぞという時には話す気がなくなってしまう法則

地面に立っている感覚も遠ざかっていく虚しさが
足跡の通りにこぼれ落ちていくから
電信柱に沿って立ち止まった

されど、望もう

みんなもうポケモンGOしたままどこか遠くに行ってしまえ
踏み潰した形のまま転がっている缶ビールを睨みつけてから
自分の足をはめてみる
誰かが確かに踏んだこの足跡に　わたしの足もうまくハマったから
少し泣いた

もしこのまま右足を前に出さなれば
こうして両足をそろえて突っ立ったまま
どこにも進めない事実に驚く

いつも通るタイ料理屋さんの看板の緑色
赤い屋根のスナックから聞こえる男性の声のテレサ・テン
見上げる総武線の灯りと
その車内に一瞬だけ見えた薄いピンクのスーツを着た女性

あなたにならせてほしい
あるいは誰かでもいいんだけど
もういっそ、誰かにならせてほしい
勝手に作り上げた役なら得意だからちょうだい
望まれてることを見破るのは簡単だからちょうだい
望んでいることなんて分かってもくだらんし

だから空いてる誰かの役をわたしにください
その役、空いているならわたしにください
あなたが空いているならわたしにください
なんていう安い自己嫌悪をすれば　簡単に薄まる罪悪感くだらねえな

生きてきた道よ
殴り壊してもう先に伸ばせない
殴り壊してもう先に伸ばせない
殴り壊したから、
もう先に伸ばせないよ

自分の皮膚に膜があって　世界と触れあえないでいた
自分の髪に膜があって　誰とも触れあえないでいた
自分の視界に膜があって　ひかりと触れあえないでいた

だから世界中と何もかもが同じになりたかったけど
真似をしてコピーになりかけたあと少しのところで
またぶち壊してしまう
ああまたやったな、と、また死にたくなるから笑える

坂道の途中にある自動販売機に照らされて歩いている男性
お母さんと手を繋いで歩く女の子が背負っていたトイ・ストーリーのリュック
100円ローソンでシュークリームを並べるパンチパーマの店員さん

わたしがそのシュークリームを手にとろうとしたら
パンチパーマの店員さんは並べかけたシュークリームを
わたしの手のひらにひとつ乗せた

生きてきた道よ

誰かが生きてきた道よ

他人がなぞることはできない

それぞれのあなたが生きてきた道よ

パンチパーマの店員さんが生きてきた道よ

わたしの生きてきた道よ

冷えたシュークリームが乗った手のひら

なぞることはできなくても

知っていてほしい

踏み入れる瞬間があるということ

緑色の看板のタイ料理屋さんから出てきた会社帰り風のグループ

赤い屋根のスナックでテレサ・テンを歌っていたベージュのポロシャツを着
たおっちゃん

一瞬だけ見えた薄いピンクのスーツを着た女性が顔の前に広げていた文庫本
のようなもの

100円ローソンで　わたしの手のひらに乗ったシュークリーム

「唯一無二」だとか

「独自の世界観」だとか

そういうダサいのほんと、いらないし

だって、そうじゃない人がいるのかよ

全員別の人なんだよ

あなたもわたしも

みんなみんなみんなみんな何もかも別の人なんだよ

生きてきた道を叩き壊そうとしたあなたと
断ち切ろうとしてできなかったあなたと
何も興味ないふりしてたあなたと
あなたという言葉で逃げているわたしと
なんにも愛せないふりなんてかわいいね
ヒール役だと思わせるなんてかわいいよね

だって例えば
一瞬で崩れ去るこの自信とか
一瞬で崩れ去るこの自分とか
どこまでも脆くて補強しても立て直せない人生とか
どこまでも脆くて補強しても立て直せないこの人生とか

だから生きてきた道よ
なくならないで　いなくならないでね
なくならないで　いなくならないでね
なくならないで、
いなくならないでね

あなたが必死にやってきたことを
必死につなぎとめた今日までの道を、それでぶっ潰していいのか？
わたしが積み上げたものをわたしがぶっ潰していいのか？
誰かが積み上げたものをすべて崩しても、笑えるのか？

ねえ、どう思う？

うまいことやる方法は分かっていても
嘘がどうしてもできない
だから死んでもいいなんて言えない
だから殺してもいいなんて言えない
どうしても絶対
どうしてもできるだけ
死ぬか殺すか以外にもうひとつ
新しい選択肢をわたしたちでつくろう

死ぬか殺すか以外のもうひとつ
新しい選択肢を、あなたは選ぶ

何度もまた死にたくなろうとも
されど、新しい選択肢を作り続ける
死にたくなろうとも
されど、望もう
死にたくなろうとも
されど、わたしたちは望めるはずだ
また死にたくなろうとも
されど、望もう
死にたくなろうとも
何度また死にたくなろうとも
されど、望もう
明日また死にたくなろうとも
されど、望もう
わたしたちは、されど、望もう

だから
生きてきた道よ
なくならないで、いなくならないでね

だから生きてきた道よ！
生きてきた道よ！！
なくならないで！　いなくならないで！
なくならないで！　いなくならないで！
生きてきた道よ！　なくならないで！
生きてきた道よ！　いなくならないで！

なくならないで、
いなくならないでね。

ぼくたちが優しくなるためには

2017年

きのう　一度手放した人生へ戻る道すがら

最初に住んだあの家から

お味噌汁の匂いがしてね

それはまるで　まだ生きろ　と耳打ちされたみたいだったよ

公園を過ぎても　まだ

だいぶ歩かないと帰れない家には

実は不満がたくさんあったけれど

忘れてしまうことをさみしがるあなたのために

今日までのできごとを振り返ろうか

取り替えられたカーテンの色は

ぼくたちならきっと選ばないみどり

いつになったら完成するんだろうと

毎日眺めていた駅前の再開発は

何年も前に終わっていた

見覚えのない風景が

これからもきっと増えるのだけど

あなたには一緒にさみしがっていてほしい

今夜あなたの夢を見たら
次に来る冬は雪が降る

今夜あなたの夢を見たら
次に来る春は木蓮が咲く

今夜あなたの夢を見たら
ぼくはもっと優しくなる

今夜、
あなたの夢をみたら

あなたにはもっと
優しくすればよかった

今夜あなたの夢をみたら
ぼくはちゃんとさみしくなるから

今夜あなたの夢を見たら
あなたには一緒にさみしがっていてほしい

わたしが優しくなるためには

2017年

あなたがいなくなって１年
わたしは白い服しか着られなくなって
世界から色が消えました
— だけどでも望む一歩は遠すぎてその長距離に泣きそうになる

あなたがいなくなって２年
いつか少しずつまた色が増えていけばいいと思っていたら
今度は黒い服しか着られなくなりました
— さよならはコーヒーカップ思い切りひっくり返したような暗闇

あなたがいなくなって３年
踏み込まれたくない部分は近寄らないように
近寄らないようにしていることをごまかすように
わたしたちはいつも手をつないでいたよね
— 憶測も例えばも気のきいた言葉も消えてしまえばろうそくと一緒

あなたがいなくなって４年
冬が遠ざかったと思ったのに
季節が３つすぎればまた冬が来る
お誕生日おめでとう　また冬が来たよ
お誕生日おめでとう　あなたはわたしが殺さない
お誕生日おめでとう　まだこんなに生きている
— 悲しみも諦めつかない空洞も　笑えるまで咀嚼し続けている

あなたがいなくなって5年

手をつなぐあたたかさも、だきしめるあたたかさも

突風が吹く人生の前に負けてしまうことがあります

寂しさなんて　死ねばいい

―色褪せた空にも見えるものはある呟いてみた新宿雑踏

あなたがいなくなって6年

おやすみなさいのメールはいつものように送信エラー

届かない携帯電話　送れないメールアドレス

あれから何度も送っている

「愛しているよ」は、空を飛んでいきました

―59の数字がひとつ繰り上がり0時になったら生まれ変わるさ

あなたがいなくなって7年

あなたのことを考えると　ときどき後悔をします

眼が悪いせいで　月はいつだって満月に見えます

いいわけのような　綺麗事ばかり思い浮かびます

思い出しても終わらないさよならは　ばかみたいです

―歩みだし重ね重ねた思い出を忘れはしない過去とは呼ばない

あなたがいなくなって8年

心の形が月の満ち欠けのようにあれば良かった

心の形が月の満ち欠けのようにあれば良かった

心の形が月の満ち欠けのようにあれば良かった

―橋の下落書きひとつ見つけたの雨に打たれたGOD BLESS YOU

あなたがいなくなって9年

夕暮れのオレンジは美しいから

わたしの言葉なんてきっと届かないです

想像力の分だけ可能性があると言いますが

動けずにいます

あなたを追って死にたい夜にかじったチョコは甘くて

現実の世界は尊い

言葉なんて到底　太刀打ちできません

—チョコ齧り死を美化しないと笑って生きてるこれがわたしの愛だ

あなたがいなくなった年数を数えるのはやめた

わたしが優しくなるためにはあなたのことが必要だから

忘れることもやめて　わたしは生きようと思います

そしていい加減、わたしはちゃんと、さようならをしよう

ねえ、あなたの足元に今日も風は吹いていますか？

最後にひとつ祈るならば、どうかそれがそよ風のようなものでありますように

—さようなら会えないだけできみはいるそうして人はまた歩みだす

Photo：無水教一

2017 年

むだい

これから　独りごとのふりをして　あなたに話しかけます
さっきすれ違った人の柔軟剤の匂いが
家族の象徴みたいな気がして　泣きたかったから
あなたに話しかけます

いくつかの駅に残してきた思い出のこと
わたしはたぶん忘れないよ
忘れていくことだっていうのを忘れないよ
でも、たぶんだけど

あなたの　その中になにか広がっている
切り裂けば雲が浮かんでいると思っている
今でもだよ　今でもそう思っていたい
ということは信じてなんか　いないよね
思いたがっている　だけだよね

だってねぇ　心はワンルームサイズだったんだ
そう　信じられる？
聞くところによるとね　そこで全ての営みが行われるらしいよ

これから　独りごとのふりをして　あなたに話しかけます
さっきすれ違った人の柔軟剤の匂いが
家族の象徴みたいな気がして　泣きたかったから

あいつらがくだらないって言った
小さな存在を拾い集めていようね
そもそも大きな存在なんてないし
みんな同じって気づかせるまで
淡々とずっと拾い集め続けよう

「個性的であれ」なんていうばかな幻想は
わたしが全部ふきとばしておくからね
だから同じでいよう
生きたいって思うだけは　同じでいようね

こうして
言葉を踏み荒らされないように
ゆびきりした小指を突き立てる

さっきすれ違った人の柔軟剤の匂いが
家族の象徴みたいな気がして　泣きたかったから
あなたに話しかけます
だから　あなたに話しかけます

ほんとうのことは　ときどきしか言わないけど
これはもしかしたら　多分　全部　ほんとうかも

朽ちていく現実の話をしよう

2017年

朽ちていく現実の話をしようよ
男性専用マッサージのバリ風イラストの看板
爆発事故を起こしたまま残されている木材
ばらばらになったのは　かつて家だった残骸
人間の想いだけが残っている土地
朽ちていく現実は愛おしいね

明日を待つ日の話をしようよ
下を向いて歩いていたって道端に愛は落ちていた
それだけは決して忘れないようにと戒めながら
ぜんぶ自分のみちしるべとなっていくように
明日を待つ日は愛おしいね

生きてきた重みの話をしようよ
お祭りの屋台ですれ違ったおじいさんが
カルメ焼きのお店を見て「懐かしいな」って呟いた
ほんの一瞬のできごと
わたしの耳に　入ったんだよ
生きてきた重みは愛おしいね

真夏の草むらの話をしようよ
あなたに手を伸ばしてもいいですか
あなたに手を伸ばしてもいいですか
あなたに手を伸ばしてもいいですか
真夏の草むらは愛おしいね

ねむれぬ夜の話をしようよ
傘をさして歩く夜道
高架下で排気ガスと雨水に濡れた毛布
寝息がはみ出す段ボールハウス
ねむれぬ夜は愛おしいね

何度転調をしても明るくなれない人生は
ちゃんと誰かにとって愛おしいのでしょうか
悲しいBメロなんていらないから
どうかこの口から漏れてしまう言葉に　意味があったらいいのに
おはようとかおやすみとかじゃ足りない　毎日を
ちゃんと繰り返して生きていくから
どうかこの口から漏れてしまう言葉に　意味を　ください

今日からまた続いていく　これがわたしの人生
今日からまた続いていく　これがあなたの人生
今日からまた続いていく　これがわたしの人生
今日からまた続いていく　これがあなたの人生

今日からまた続いていく
これがわたしたちの　人生

2017 年

環状七号線で拾った希望

「優しさに触れると泣いてしまうのは
　あなたの中に同じような優しさがあるからだよ」
と、あなたに話しかけるから
同じことを僕にも言ってほしい

悲しいから優しい言葉を使おう
寂しいから寄り添う言葉を使おう
憎しみで苦しいからあたたかい言葉を使おう
そうしたら　偽善者と言われた

ほんとうに言いたかった1行は
あなたには見えなかったんだね

10本の指で好き勝手に作り出した世界では暮らせない
音が消えたらまたもとどおり
それでいいじゃないか

大逆転ができない毎日をくりかえし、くりかえし諦めた
もう特別は特別のままにしておこう
井の頭線の新代田駅から見える坂道を塗り替えた夕焼けには
とても勝てなかった僕の希望は
何度も打ちのめされながら
毎日を繋ごうとしている

生きている世界を愛していたい
全てを愛せないから　言っているんだよ

まどろっこしくてめんどくさいやりとりをしよう
すぐに忘れてしまうような会話を続けよう
あなたがいると嬉しくて流す涙と
あなたがいなくなったら悲しくて流す涙を
この毎日にちゃんと染み込ませていよう

やりかたを忘れてしまったら
ふわふわの綿毛とはいかない人間の手をとって伝えて欲しい
そのときに言いたい言葉は
あなたのなかにあるって、知っているくせに

2017 年

暫定朗読詩人が書くこの文章は全部うそ

短髪のバンドマンが書く女々しい歌詞は
「あたし」という一人称で誤魔化して心の隙を狙っている
ひっかかるほうがバカなんだって
最初から本音を見せるつもりがないインタビュー
「この歌詞は想像で書きました」

誰かが立ち上げた学校のbotは
クラスメイトや先輩の悪口を
１時間に１回吐き続けている
首謀者にでっちあげられた中２女子の遺書
「犯人はわたしじゃありません」

ちょっと言ってみただけなんです　あなたの足をひっぱりたい
スレ立て／悪口／ネガティブキャンペーン
あなたの邪魔をしたい
嫌いなあなたの情報は誰より知ってる
「本当はうそにならないけど　うそは本当にできるから」

生のことを愛するようには性別を愛せない
サバサバお姉さんキャラアピールがウザい書き手の
見透かされたそうなセックスアピールがもろバレのテキスト
「大衆化されていないまま語るのは見せつけたいだけでしょ」

生きている間は手を伸ばさない世界
自殺をすれば死ぬ前に相談すればよかったのに
相談をすれば他の人はもっとたいへんなんだから
誰かが死ぬまで理解できない世界
「だって、わたしのほうが頑張ってるのに」

本当のことは ときどきしか言わないけど
これは　もしかしたら　多分　全部　ほんとうかもしれない
「けど、こんな世界全部うそだよ」

白で塗ってあげる

2017年

ピンチはチャンスとか
言えるような過去じゃなかった
困難はのりこえろって言うから
よじのぼろうとしたらケガをした
そういうの比喩だって教えてほしかった

空白を読めだとか　想像をしろだとか
答えなんてないだとか　余白を与える計算だとか
そういうの比喩だって教えてほしかった
大丈夫、みんなできないよって教えてほしかった

ドアの向こうに　置いてみたい気持ちがある
絵に見せかけて　飾ってみたい言葉がある
次の行動を起こすたびに　待ち伏せる難問を
わたしは右の壁に寄せるから
あなたは左の壁に寄せてほしい

雑に積み上げたそれを見て
わたしはたぶん、笑ってしまうけれど
勢いで走る元気なんて
あのヒーローと同じで3分しかもたないし
むりやり平坦にした道を歩く
いちいち全てにビクついて　おそるおそる　ゆっくりと
ヤケになって笑いながら進む足跡は
きっと滑稽で　かわいいよね

たとえば本音がわからないと言われても
わたしの中にある白はほんとうだ
そんなの気のせいだよって言われたとしても
埋め尽くしてしまえる白はほんとうだ

だから全部、塗ってあげる
読めない空気はわたしが白で、塗ってあげる
その上にあなたは好きなものを描けばいい

イフ
ユー
ウォント

ハリボテの白は　いつか剥がれてくるのだけど
抗えない黒は　いつか透けて見えるのだけど
でもいまは放り投げていいよ　またそのときに考えたらいいよ

だから　そういうの全部塗ってあげる
わたしが白で塗ってあげる
いつか剥がれてくるのだけど
抗えない黒は見えるのだけど

でもいまは放り投げていいよ　またそのときに考えたらいいよ

これから先もずっと
人間が使える魔法しかいらない

2018年

美しい自尊心

『3月17日

うけるーとか言ってほんとはうけてない。

わたしはちゃんと傷ついてる。

言葉なんていつの間にかなかったことになってる。

みんないつの間にか違う話しをしている。

「はい、今から終わりましたーなかったことになりますー」だとか、

合図でもあればいいのに。

これを空気を読むと呼ぶのだろう。

だからわたしは一生、お前空気読めよと言われるんだと思う。

それでもわたしたちは、他人の不幸を願うよりも一緒に幸せになろう。』

― iPhoneの灯りじゃとても照らせない境界線を連れて生きてる

こんな壁なんてないほうがいいよね、と

わたしたちが積み上げた壁を　満面の笑みで壊そうとするのは

いつも外側にいるひとたちだった

ここにいるわたしたちの気持ちは見えていないかのように

誰かの壁を勝手に取っ払おうとしないでほしい

誰かが壊そうとしたその壁はシェルターだった

いつも泣いているみたいに見えるあなたの顔だけが

先が見えないわたしたちの夜をつなぎとめている

だからわたしはせめて
この境界線にあるこの壁のドアを探してノックをしたい
あなたがその壁を作った経緯や
ドアの鍵についての話が聞きたいんだよ

いつも泣いているみたいに見えるあなたの顔だけが
みんなが咎めるわたしたちの人生をつなぎとめている

壊されていくその壁を守ろうとした　あなたの自尊心はとても美しかった
あなたの自尊心は、とてもそれはとても
あなたの自尊心は　あなたの自尊心は
あなたの自尊心は、とても　美しかったよ

だから、わたしは

だからわたしはせめて
この境界線に壁があったら
その壁のドアを探してノックをしたい
あなたが壁を作った経緯や
壁についているドアの鍵についての話が聞きたいんだよ

どんないい言葉よりも、どんなきれいごとよりも
わたしたちが大丈夫でいることが何よりも大事
わたしたちが大丈夫でいることが

だから、他人の不幸を願うよりも一緒に幸せになろう
わたしたちは一緒に幸せでいよう

壊されていくこの壁を守ろうとした
あなたの自尊心はとても美しかった
誰かが壊そうとしたこの壁を守ろうとした
あなたの自尊心はとても美しかった

あなたの自尊心はとても美しかったよ

―iPhoneの灯りじゃ足りない人生も　今日は照らせるわたしは満月

Photo：オザワユキ

2018年

あなたが望むのなら

使いにくい iPhone を見もしないでスクロール
眠れないだけで死にたくなる　部屋の天井が光る
受信フォルダに数字のマークのぶんだけ届いた言葉を読みながら
送信ボタンを押したあなたの気持ちを思う
眠れないだけで死にたくなる　ばかみたいでしょう
だけどあなたはわかってくれるような気がしました
ブルーライトカットの灯りは少しだけ黄色くて
この部屋の真夜中は　日が暮れきる直前のようです

目が覚めて　あれからいつ寝たんだろうと考えても思い出せません
部屋の外は冬　部屋の外は朝
わたしだけが１日をはじめられずにいました
思い出は優しいと言ったのは誰だったでしょうか
冬が来るたびに　忘れてしまいたい思い出に追い詰められる気持ちを
どうして優しいものにできるでしょうか

わたしが優しくなるためには
思い出ごとなかったことにするしかないような気がします
わたしが優しくなるためには
自分の人生をやめないように
こうして人に会い続けなくてはいけないのなら
読み終わった瞬間に消える言葉を　写真のようにしてほしい
声が消えた瞬間になかったことになる言葉を
存在しているよと笑いかけてほしい
大丈夫だよが永遠に聞きたいのです

マフラーだけを巻いて　ライブの前に入ったコンビニ
猫背のおじいさんが競馬新聞を買っていきました
もう片方の手には
わたしが意味もなく買った80円の紙パックの野菜ジュース
（この野菜ジュースおいしいけどさ、きっと野菜入ってないよね）

閉まる自動ドア　ファミリーマートのチャイムが消えていきます
あなたがこれからの家路　下を向いて歩くのなら
わたしが先回りして　その道に
この部屋の光くらい弱い灯りをともしておきたいのです
見落としてしまわないように　下を向いていても気がつくように
あなたの道に先回りして
この光ぐらいかすかな愛を落としておきたいと思いました

あなたが望むのなら　その人生を消さないでいてほしい
あなたが望むのなら　その人生をなかったことにしないでほしい
あなたが望むのなら　わたしたちに預けておいてほしい
そうしたらわたしはきっと　わたしはきっと優しくなれる
あの思い出に優しくすることができるから
あなたが望むのなら　その人生を消さないでいてほしい
あなたが望むのなら　わたしたちはきっと優しくなれる
あなたが望むのなら　あなたが望むのなら　あなたが望むのなら

あなたが　もしも
あなたが　もしも　望むのなら

この人生が消えてしまわないように
わたしたちは小さな約束を作り続けよう

戦わない日のうた

2018年

『希望という言葉は死んだ』
という言葉が　タイムラインに流れた夜のことを
わたしはもう忘れてしまいそうだ

ハロー、言葉
週7歌舞伎町
すれ違う誰の顔も覚えていない

サイレンが鳴り響く街で
前を歩く誰かの
後ろポケットにいれたお財布が鳴らす
金属音を聞きながら歩く

制服ディズニーも
調剤薬局のヒーリングミュージックも
知らない笑い声も　等しく尊い

フリー素材で彩ったスタンプカード
繁華街の真ん中にある薬局で
眠る前に飲む1錠とひきかえに
赤いスタンプ　ひとつ　もらう

秒でついたいいねも
投稿しなかった下書きも

わたしには同じように尊い

伝えられた言葉も

言えなかった言葉も

同じ温度で　等しく尊い

誰かの怒号も　知らない神さまの銅像も

ラブホテル街のリネンのにおいも　ゴミだらけの道も

乗ったことのない私鉄も　信号のない横断歩道も

耳にさした無音のイヤホンで

関係ないふりをして　生きてる

最寄り駅の発車音が

いつまでたっても覚えられない

どこに帰っても違う場所に帰りたい

戦わない日々のわたしたちの幸せを

誰も無下につぶす権利がないのなら

あなたの生活を笑わないから

わたしの暮らしを　見下さないでほしい

ハロー、言葉　週7歌舞伎町　調剤薬局　覚えられない発車音

ヒーリングミュージック　スタンプカード　制服ディズニー　ハロー、言葉

違う場所に帰りたい　戦わない日々　無音のイヤホン　フリー素材

調剤薬局　ヒーリングミュージック　赤いスタンプ　誰の顔も覚えていない

週7歌舞伎町　赤いスタンプ　不感症

ハロー、言葉　ハロー、言葉
ハロー、言葉
週7歌舞伎町

あなたの生活を笑わないから
わたしの暮らしを　見下さないで

絶望を利用してあなたに会いに来た
希望では終われない　わたしたちの物語

絶望を利用してあなたと会いたい
希望にはできない　わたしの独白

ひとりぼっちずつで手をつなごう

2018年

乾杯なんてとてもできない人生で
立っているだけでも
図々しいような気がするから
音を立てないような息をして
世界には自分の不在を求めていた

なにも言わないからって
なにも考えていないわけじゃないことを
わざわざ説明しないといけないなんて
うんざりだよ

風景に溶け込んでしまっているコインロッカーを
毎夜、横目で見ながら歩く
あまり使われていないから
別の場所にうつしてもらえばいいのにね
と思いながら
今日もそこにあることを確認する

手持ち無沙汰で開いたSNS
世界は知らない人だらけだから優しい
孤独は深夜に増殖する

「存在しているかわからないから　死んでしまいたい」
片っ端から「それ分かる」とコメントしたい

わたしが読んでいる文字を
打ったのはあなただ
あなたがひとりで打ち込んだ文字は
わたしの目に見えているから
あなたは存在しているよ

あなたがため息まじりに打ち込んだ文字は
わたしの目には見えているから
あなたは存在しているよ

孤独は深夜に増殖する
わたしたちの独白は
届きあっている

孤独は深夜に増殖する
あなたの打った文字を
ここで読んでいる

わたしがあなたに言い続けよう
眠れないなら何度でも

わたしがあなたに言い続けよう
そのたびに何度でも

孤独を認識しあっているわたしたちは
それぞれが生きている場所で
ひとりぼっちずつで手をつなごう

2018 年

薬局がショッピングモールに変わるような街で

0.3ミリのペンで書いていた
空のポストカードをはさんだ手帳
ビニールの表紙は　夏になると溶けそうだった

思い出したのは
緑の階段と　指でめくれば剥がれる白い壁と　それだけ
懐かしいといってぱっと思い浮かぶ風景は
自分のほかにはだれもいない世界のこと

たとえばだけど
生まれた街が変わっていくこと
違う場所に住んでいたら
許せたかもしれないこと
もしも　なんて　ずるいよね

スーパーがイオンに変わったり
薬局が集合ショッピングモールになったり
そこに住み続けていたかった本音は
大切すぎるから　つい　乱暴にしてしまう

それをぜんぶ忘れてしまわないように
確認するように書きとめては　声に出している
自分の気持ちを忘れることの
なにがこわいと言うのだろう
たかが　自分の気持ちなのに
思い出はいつも　誰もいない世界
わたしが忘れたら　なかったことになってしまう世界

嫌な気持ちに癒されてしまうから　まだ笑えない
知っていることなら安心するから
幸せな気持ちに脅されてしまうから　まだ笑えない
なくしてしまわない想像がつかない

嫌いな実家に置き去りにした机の引き出しをあけて
二度と戻りたくない思い出を宝物のように扱ってしまう
このまま　ここにいてしまいたいとさえ思う
このまま　思い出に戻ってしまいたくて泣ける
嫌な気持ちにまだ癒されてしまう

たとえばだけど
こんなことは　6／8拍子じゃないと話せない
自分のタイミングでは言葉がでない

スーパーがイオンに変わったり
薬局が集合ショッピングモールになったり
空き地が駐車場になったり
レインボータワーがなくなったり
家が建て替えられてしまったり

生まれた街が変わっていくこと
違う場所に住んでいたら
許せたかもしれないこと

もしも　なんて　ずるいよね

2018 年

言えなかったけど、

言えなかったけど、
イヤホンがいつも絡まっているから
夜中ごと投げつけてしまいたくなる

言えなかったけど、
「でもどうせ」って思っている
祈りのような気持を書きながら
「でもどうせ」って思っている

見たくないニュースに殴られる
情報化は無神経にメンタルの交通事故をひきおこす
もうどうでもいい　と言いそうになるのを
せめて自分の口からは漏らさないように
あてつけをこぼれ落とさないように
自暴自棄に逃げないように
必死にただ　黙っている

夜中の自暴自棄に
この怒りは利用させない

自己責任なんていいはじめたら
自分が疲れるだけだから
比べるとつらくなるからやめたほうがいいよ
って大声で言ってまわりたい

言えなかったけど、
これは独白ではなく　あなたに話しかけている
あなただって同じでしょう？

言えなかったけど、
駅のホームで靴擦れが痛そうに座っていた女の子に
ポケットにはいっていた絆創膏を差し出せなかった
逃げるように改札から出て
ポケットの中から意識をとおざけている
今日もイヤホンは絡まっていた

わたしがもっと言えなかったのは、
世界が優しいものであるようになんて
それぞれのわたしたちは　それぞれの日常で
本気で思っているということ
それなのに「自分なんか」が邪魔をして
今日もやっぱり　優しくなれない

でもどうせ、も
自分なんかが、も
あなたは思わなくてもいいということ
自分にもそう言えるように　こうして話しかけている

言えなかったけど、
これは手段だ
そうじゃないと　とても夜に向き合えないんだよ

それぞれのわたしたち

2018年

帰るまえにコンビニを1周するルーティン
シンクにたまった家中総出のマグカップ
ひびの入った強化ガラスフィルム
捨て忘れたゴミの日
起き上がれない朝のいいわけ

「わたし」でも
「わたしたち」でも
「それぞれのひと」なくて
「それぞれのわたしたち」が　くりかえす生活

想像してしまわざるをえない
だれかの苦しさに息がつまることが優しさなら
自分の痛みなら言葉にはならない
わたしたちの癖はなにになる

代替がなくては声をあげてはいけないと思わされて
なかったことにされるグレーゾーン

つい　うっかり
人生が交差する今日みたいな日には
それぞれのわたしたちは
はっきりと同じ風景を思い浮かべたい
踏み込まなくてもいいから
わからなくてもいいから

理解なんてしなくてもいいから
同じ風景を思い浮かべて
別々のことを話していたい

帰るまえにコンビニを１周するルーティン
シンクにたまった家中総出のマグカップ
ひびの入った強化ガラスフィルム
捨て忘れたゴミの日
起き上がれない朝のいいわけ
自分の痛みなら言葉にはならない
わたしたちの癖

生活はちりぢりだから
同じ世界を見て　違う話しをしていよう

古いと笑われるようになることが
まだ想像できないような
それぞれのわたしたちの生活にある
今のことだけを話していたい

だからいつまでも
同じ世界を見て
別々の感情を持っていよう

そのさきのことは
あなたの声で　あなたの言葉を聞かせてほしい

検索窓が開かないまま知らない道だけを進んでいる気持ち

2018年

改札を出て目に入る「この人を探しています」のポスターがこわいから、空洞のような黒目のイラストを見ないようにSuicaをタッチ。

見飽きているはずの風景がぜんぶ嘘みたいだ。

昨日までは確かによく知っている風景だったのに、今日は自分の外側だけが作り替えられているようだった。

脇道ばかりある坂道をのぼる前に目に入る噴水。酔っ払いの多い通りをさけて一本だけ遠回りをする高架下。赤いポストも警察署もセブンイレブンも嘘みたいだ。セコイヤの木だって、いまに消えてなくなりそう。

知っている風景に似せて作った舞台セットを、いかにもなんでもない風にして歩く。

こっちでいいんですよね？　わたしが知っている道ですよね？　内心はそんな気持ちでいることを、知られないようにしているから誰も知らない。誰も知らないから、知ってほしい。でも、誰も知らないようにしているから、誰も知らない。当然。

検索窓に目的地を入れようにも、空欄のまま指が止まってしまう。「迷子です」と入力したい。

大丈夫も、大丈夫じゃないも、なにも好きじゃない。まいにちが地続きになっ
てくれない日、みんなはどうやって生きているんだろうと思う。本屋さんか
らいちばん近い自動販売機に昨日まであったメロンソーダがなくなっている。

地図アプリなしではどこにも行けない。Wi-Fiが届かない場所にうずくまっ
て、動けない。

ひとりでいると世界はすぐ舞台セットになるし、音はすべて耳鳴りのように
なる。風景が遠のいて、自分と日常の接点が消えてしまう。現実が作り変え
られてしまわないように、実感の2文字をくりかえし思い浮かべて歩いた。

欲しいのは、踏み外しても大丈夫な階段と検索をしなくても迷子にならない
生活と一生寂しくならないと約束された夜。聞き慣れているはずの駅の発車
メロディも嘘みたいだ。電車で同じ車両にいた知らない誰かと、眠る前に考
えることや送れなかった下書きの宛先のことを話してみたい。

正論は相当の確率で正論じゃないからすごい。見る位置によって正論も正義
もブレる。他人の正義や正論なんて信じないほうがいいよ、と言うたびに、
チンした牛乳のような膜ができる世界が嘘みたいで悲しい。毎日はときどき
実感をなくす。それは悲しいけれど、これ、あなたも同じなら、ちょっとだ
け嬉しい。

夜の公園でなんでもないような話しをすることを　エモいとすら思わなかったころの自分のことは忘れた

夜の公園でなんでもないような話しをすることを
エモいとすら思わなかったころの自分のことは
もう忘れてしまった

お酒を入れた水筒の氷が鳴る音も
あなたの笑い声がしたことも
もう全部なにもかも忘れてしまった

あの子はどんな風に笑ったんだっけ
古い電柱はどのくらい明るいんだっけ

「寂しい」がどのくらいの「寂しい」なのか見えないから
つい軽く扱いすぎてしまって
気づいたら寂しがれなくなってた

わたしたちは似ていただろうか

悲劇のヒロインになる資格くらいあげればよかった
「寂しい」は噛み砕くための言葉ではなかった
どうせみんな過ぎてからしか気づかない

夜の公園でなんでもないような話しをしたら
いまのわたしはたぶん
「だれも死なないでほしい」
なんて言ってしまうと思う

環境に左右されて勝手にエモくなってしまうなんて
笑うくらいださいよね
その持て余すような感情を隠さないでいることに
安心してくれる人がいたら安心しあえるのに
(だって、かっこ悪いのがわたしだけだとちょっと、ね)

言葉は過ぎた時にしか思い出さないかもしれないけど
「けど…」に続く言葉を
わたしは自分の中にもっている

もう気づいていると思うけど

「けど…」に続く言葉を
すでにあなたは自分の中にもっていて
その言葉は言われたがっているように見える

そんなの夜の公園でしか言えないかもしれないけど
わたしたちお互い忘れたふりをしないって
約束だけしよう

2018 年

愛せない日常と夜中のイヤホンで流れるアイドル

メールを書く習慣がなくなり、
LINEの気軽さも少し違っているときに
前だったらどうしていただろうと考えています。

思い出せる？
わたしはできませんでした。

たとえば、こういった「既読」を待たなくてもいいようなものは、
わたしたちの重たさにはちょうどいいと思います。

あのね、やっぱり
立ち止まってばかりの人生で、
サイコロの目にゼロがないことに救われて
なんとかなっているだけの生活なのです。

好きな歌詞にも出てきたけれども
年齢を重ねると身軽になるっていううわさ、
あれぜんぶ嘘だったよね。
期待していたのに、
楽になったものなんてひとつも思い浮かばないです。

やっぱり、今日もうまく眠れなかったから、
つい弱気になってこんなことを言ってしまう。

カーテンはいつもスキマがあって
閉めても閉めてもどこからか光が漏れてくる。
夜だって、電気を消した部屋よりも外のほうが明るい。
スマホの充電器はいつも見つからない。

ささくれていくだけの夜中に断線しかけたイヤホンで
青いアプリを立ち上げて、知らないラジオを聴いています。
今日はだれにも会わなかったから、
こうして、部屋の外の世界とつながっている可能性にすがります。

そんな大切なこと、
わたし、イヤホンひとつで済まそうとするなんて、
笑えてきました。

自分の笑ったため息は、
断線しかけたイヤホンも、
どうしようもなく散らかった部屋も、
ひとつ切れたままにした蛍光灯も、
肯定してくれるような気がします。

永遠じゃないかもしれないものを、
ずっとそのままでありますように　と　願う尊さくらいあればいい

愛せないこの日常もそうであればいい。

2019年

世界など変えられなくていい

自分用にカスタムされていくニュースアプリばかり見てると
ばかになりそうでこわい

ゴミ箱なんて用意していないのに
悲しかった日に飲み込んだら
出てこなくなったままの言葉

美しい言葉で鼻歌をしても景色は変わらない
ダウンロードミュージック
自分の世界を変え続けていても
世界が変わらないことに落胆はしない

遮光カーテンは確かに夜を守ったけれど
テレビを消せば6畳は離島になる

つい教えてしまいたくなるのをこらえている
あなたの発言はわたしの世界ではミュートされているということ
いちばん信用すべき人を信用していない

全部を愛しているなんて死んでも思わない
思ってもいないからいくらだって言える
できるズルは全てしたい

ノー！ モア！ エモーショナル！
自分の世界を変え続けていても
世界が変わらないことに
落胆はしない

補完しあうのは安心がしたいからなのに
取り込もうとすればするほど確実に別々で
ひとは完全に単体だからいつまでたっても寂しいということを
いま、また思い出してしまった

ねえ　新幹線とか高速バスとか
動き続ける窓から外を眺めているとき
どんな気持ちになる？

わたしは
どこに行ってもどこかに帰りたくなるのがいまで
どこに行ってもどこにもいたくないのが昔

雨が降ってる　ビニール傘は好きだけど持ってないや
だってなくしちゃうし、そうじゃなくてもなくしちゃうのに

あのころ、たくさんのわけのわからないひとに出会った
そういうのいちいち覚えてる
わたし、たぶん大切なんだと思う

ノー！ モア！ エモーショナル！
自分の世界を変え続けていても
世界が変わらないことに
落胆はしない

Hello, Word！楽しそうに死なないで

2019 年

満員電車で倒れないようにするときの立ち方をして
もうだめだの道のもう落ちるギリのところに立っている

助けてくださいというような気持ちで
開いた真っ白の画面へ自動書記
これは対話ではない
正論の轟音　いらない

Hello, Word！
冷笑しないで
楽しそうに死なないで

全部嫌だって言っても　あーね、で終わってしまうころも
あーねって言われるのは嫌だったし
全部嫌だなんて、いまでも全然思っている

まだそんなこと言ってるなんて
わたしはぜんぜん思わないよ
恥ずかしいような会話を　まだ　しているままでいて

ハロー、言葉
傍観しないで
楽しそうに死なないで

まいにちはいつも
Hello, World！　じゃなくて　Hello, Word！
やっとそう言えるから
正論の轟音　まだいらない

窓を開けても適温なんて逃げ場がなくて笑うしかなくて
秘密を増やして安心する　こと　だけしていたい

こんなわがまま　何回までなら言っていいか知らない
自分の人生なのに傍観してた　届かなかった
あきらめて笑わなくてもいい生き方　誰ならできてる
伴いたい　伴いたい　伴いたい
実感を

正論の轟音　鳴り止ませたい
この手で
正論の轟音　鳴り止ませたい

Hello, Word！
冷笑しないで
楽しそうに死なないで

ハロー、言葉
傍観しないで
楽しそうに死なないで

2019年

4カウントだけずるく生きる

負けたほうがかっこいいのはずるいから
できるだけ余裕のふりなんてしない覚悟　を
大丈夫　わたしはまだ持っていない

勝ったほうだけかっこいのはずるいから
できるだけちゃんと欲しがる覚悟　も
大丈夫　わたしはまだ持っていない

現実に絶望させないための……
に続く言葉が　あなたにとっていちばんたいせつなこと
わたしは認めたくないから内緒
世界は無法地帯ではない　武勇伝もいやだ

許してしまいたくないゾーンでのんびりと生き慣れてしまった
夜は毎日やってきて
「どうするの？　どうするの？」と問いつめてくる
生きている人が虐げられない世界がいい

心から笑わせてあげたい　ただそれだけでも
自分のことで手一杯で　数え切れないほど見ないふりをした
将来はこわかったけれど　明日のほうが何倍もこわい
空洞の目　わたしの暗闇　見つけないで

余裕がないからいつも最後の手段しか持ってない

流すことのできない本音は

吹けば飛ぶような会話のなかに1ミリだけまぜている

一瞬で消える冗談のようにあざやかに　届いただろうか

これがいいと思っている

笑っていてくれてかまわない

時間が生み出すことは

悪いことよりも素晴らしいことのほうが多いに決まってる

次のカウントで

放棄しかけていた自分を取りかえそうと思った

お願い　そこで　負けずに　立っていて

待っているよ　待っていてね

咀嚼しきれなかった悲しみを最終兵器にして

4カウントだけずるく生きる

最後の1がわたしの本音だ

2019 年

孤独をえらぶ癖は花火の燃えかすに似ている

靴の音
靴の音
夜の一番街を歩く二人の靴の音

太陽がなくなるだけでとたんに耳が冴え渡る
アスファルトに見えた蜃気楼　夢だったかもしれない

イヤホン半分こにして
サウンドオブ下北沢を聴いた思い出なんて
忘れたふりができるくらいには鮮明に覚えている

たった1日生きるだけでも増えていく思い出　重たい
忘れられないと思った日が忘れてしまいそうな昔になっても
忘れたふりができるくらいには　全部ちゃんと覚えている

どのくらいふたりきりでいてもユニゾンはできないきみが
ゴミを捨てるかのように
意図的に置き去りにしていった孤独は
耐えられないくらいに　愛おしいものだった

靴の音！
靴の音！
夜の一番街を歩く二人の靴の音！！

夜がくるだけでとたんに耳が冴え渡る
誰にも言えない内緒ばなし　嘘だったかもしれない

いつか分かり合えると望まなくなってから
聞こえるようになった声のこと
期待という名の暴力で
これまでかき消してしまっていたらごめんね

わたしはちゃんと祝福されたのだろうか
なんとなくカントリーロードを鼻歌して
感傷的すぎて笑った
もう二度と鼻歌なんてするもんかと強がると余計に笑える

どのくらいはなしをしてもユニゾンはできないわたしたちが
孤独になるほうをえらぶ癖は
花火の燃えかすに似ている
耐えられないくらいに　愛おしいものでいてくれ

ラからシ♭に変わったときのような
ほんの少しのきらめきでいい
小さな情熱　消えてくれるな

靴の音
靴の音
夜の一番街を歩く　この靴の音

2019 年

299792458m/s

瞬間的にだけ圧倒的価値のある言葉
青信号になるまでのカウントダウンごっこ
いまにも窒息するような重さで進む秒針
暇つぶしに買った甘いコーヒー
夜になると絶望してしまう気持ち
まるで等しいかのように世界に漠然と並んでいる

教室に向かう階段の最後の一歩
開けられなかったドアノブ
引き返して逃げたままの階段
埋め立てようと思っていたのに
音をたてて動き出してしまいそうな思い出
わからないままの記憶探し

書きとめないと消しきれない死のにおい
どうせありふれた言葉
信じたいものと信じられるものはいつだって違う
消えてゆく会話はほしくず
音として交わされた会話は立ち消えていく
生きてゆくことだけがそれを書きとめられるノート

可能性という名の想像力

こんな生き方しかできなくても

愛だけはちゃんと覚えていた

生きている人に目を向ける勇気

死んだ人になにができたか考え続けない勇気

湧き上がる気持ちを

光にはできない

それならば

新しい解釈をしよう

絶望の望が光っているから

生きる

2019年

正面で待ってる

ともだちがほしくてギャルになろうと決心して
売った蛭子能収のマンガは絶版になってた
買い戻す　古本屋　プレミア価格
お財布開いてお札を出して不毛さに笑う
外見だけじゃ変わらない　帰りにコーヒー飲んでいこう
こんな人生じゃなくて　恋のことでも書ければよかった
でも　それは　来世でいいか

生まれ変わったら家族のしがらみがなく血縁を愛し
友人のことは仲間と呼んで　17歳で子供を産んで
少し恥じらいながら成人式で黒髪にして
記念日にはミラコスタとかに泊まったりして
庭でハーブや花を育てて趣味は陶芸　そういう生活をする予定
こんな人生じゃなくて　愛のことでも書ければよかった
でも　それは　来世でいいか

感情の性癖に突き刺さる　絶妙なバランスで保たれる関係
与えているという状態を裏から見て
与えさせてあげていると思われていたい
社会的関係性のない者同士だけが交わすことができる
本名よりも意味のあることなら何千個も知ってる
こんな人生じゃなくて　夢のことでも書ければよかった
でも　それは　来世でいいか

抗うために全力で肯定をすることはもどかしくて慣れない
わたしたちの理想は全肯定ではなくて
「どーでもいい」こと、のはずだったよね

同じ人間　ちがう人生　わたしたちはさまざまが当たり前だから
当たり前　だから　どうでもいいことくらいがいい
こんな人生じゃなくて　青春のことでも書ければよかった
でも　それは　来世でいいか

なんてもう言っていられない

今日と明日と　その次の地続きが不自由なら
人間が自由でいられるまで全肯定を続けているよ
慣れないままで　できるだけ大きな声で
（大きな声が出せない日は休みながら）
わざわざこんな風に肯定をしなくてよくなる日まで
わたしたちは全肯定を続けていよう

差別されてもいい人間はいない
傷つかない人間はいない
明日は我が身じゃない人生はない
しょうがないことなんてない
しかたない理由なんてない
欲しかった人生は来世でもいいけど
それぞれの人生を生きられない現世なら困る

世界をななめから見て安全な位置であざ笑うくらいなら
あざ笑われるのをしかたなく引き受ける側でいい
残念だけど　正しい正義がないから考え続けていられる
不毛さを嚙み殺して立ち続けるから
どうか　いつか笑い話にさせてくれ

生活は自由　わたしたちはいつも正面で会おう

はじめまして、Nameless

2019 年

戦いの証でなく生活の営み
プラカードがわりの言葉を送ろう

今にも眠りに落ちそうな頭で
考えることだけがやめられない

世界に　出口があるとしたら
眠れない夜が二度とこない世界に逃して
自分と世界がたくさんある　現実ってどれのことだろう

改名したことがばれないように記号のままで確認しあう
内緒話しになるときだけ名前をなくす
ひそやかに繰り返す　自分が流れて消えないために
拡声器捨ててあなたにだけ聞こえる声で
内緒話しのできる範囲から生きてく

懐かしい匂いを放っている通りを
ひざを抱えて凝視してみたけど
まったくもって胸が痛む気配もなく
それどころか　わたしは始終別のことに脳をめぐらせ
それが持つ影に意識を奪われていた

暗闇の中でしか目を開けられないのは
昼と夜のどっちのわたし

今日は昨日の続きで　永遠にそれが続いてく
明日だって絶対来る　たぶん来る　だってそう言われたし

電車が来て　またいなくなる
ホームでもう一本見送ってから帰る
それぞれの家で　それぞれの暮らし
それぞれの方向　それぞれの年代
先頭は走れない　アジテーションはもう終わり
それぞれしかないから　それぞれでいよう

振りかざす手に持っていたいものはない
毎日がそこにあればそれでいい
やっとそう思えた　死ねなくてよかった
愛はあなたを救わないかもしれない
あきらめないでいることも無理かも
化粧するのめんどうだからSNSで再会しよう
投票行って外食したって言いあっていようよ

はじめまして　Nameless
光が差してしまったらもう前を向けない
夜のうちにこっそり集う
戦いの証でなく生活の営み
だから今のうちに強く進もう
プラカードがわりの言葉を送ろう

伝説にならないで

2019年

削除のタイミングを失ったままついてしまった既読

更新されなくなったサイト

逃げるようにやめた仕事

元恋人のLINE

勝手に表示される友だちかもしれないリスト

話したこともないのに嫌いになったひとのSNSを見すぎて

手打ちできるようになったURL

行かないつもりの約束、望まれるキャラ設定

ちゃんとみんなずるくて

こんな世界で生きている

伝説にならないで

みんなはできるのにっていう「みんな」なんて

誰のことかわかってないのに

言われても信用ならないよね

「死んだら負け」には救われなかったわたしは

話すことが苦手なあなたの下手な説明がいとおしいと思う

大切なことほど話せない

ちゃんとみんなずるくて

こんな世界で生きている

伝説にならないで

偽名でシルエットのアイコンを使う

でもそのうしろには確かに生きているひとがいるという実感を

感じていられることは

わたしたち　自分の唯一　好きなところ

おたがいにそうならば

嘘の名前でいい　呼び合おうね

わたしたちは点と点だから　踊るように飛び込まないで

ちゃんとみんなずるくて

こんな世界で生きている

伝説にならないで

ごはんを食べようとした瞬間に

自分なんかがごはんを食べたからってなんだっていうんだ　と思って

むなしくて泣いた

バカみたいだけど、ほんとうのこと

どうあがいても映えない毎日

疲れて歩くかえり道

もしも

それわかるって笑ってくれたのなら　わたしも笑うから

わたしたちは点と点だから　14階から踏み出さないで

ちゃんとみんなずるくて

こんな世界で生きている

伝説にならないで

わたしたちは点と点だから　踊るように飛び込まないで

こんな世界で生きている　わたしがあなたの偽名を呼ぶから

伝説にならないで

わたしたちは点と点だから　14階から踏み出さないで
こんな世界で生きている　わたしがあなたの偽名を呼ぶから
伝説にならないで

どうあがいても映えない毎日は
わたしたちの重たさには、ちょうどいいはずだから
伝説にならないで

だから
伝説にならないで
わたしたちは点と点だから
伝説にならないで
あなたは伝説にならないで
こんな世界で生きていて

伝説にならないで

あとがき

「あいつの声キモいし、しゃべりかたぶりっこだよね」

そう言われることが多く、人生のなかで「人と会話をすることができなくなった時期」があります。そのため、言葉なんてなにも信用ができませんでした。その気持ちと同じくらいコミュニケーションに飢えて憧れていたので、会話の代替えとして言葉を書いていました。言葉なんてという気持ちと、言葉しかという気持ちはいつも同じ重さで存在しています。

朗読をやりはじめた当初、詩を書くことや朗読をすることは、わたしのなかにたまっている「怒り」を、マシュマロやチョコレートで超ポップにデコって一見「怒り」には見えないようにして投げかけることでした。そして、中身は「怒り」なのに……とほくそ笑むことでした。(もちろんマシュマロは比喩で、「いやな思い出ばかりの、この高い地声で読む」ということです。)

とにかく、だまっていると「なにも考えていないの?」という想像力のない発言や、体裁ばかりの福祉制度や、他人の間違いはフルボッコにしてもいいと思わせる風潮や、いろいろなことに怒りちらしていました。傷つかない人間なんていると思うなよ、と叫び続けていました。そのうえで、自分なんかが言ってもどうせ誰もわからない、と、つい思ってしまっていました。

ところが、朗読をしていると、共感してくれる人にたびたび出会うようになります。

他人と話すことができなかったころの自分に似たひと、毎日学校に行けなかったときにイトーヨーカドーの白いプラスチックのベンチに座っていたころの自分に似たひと、一見バリバリに活躍しているように見えるひと、派手な服であかるい笑顔のひと、初めてライブハウスに来たというひと。

その出会いはわたしのなかの「怒り」を「できるだけみんなで生きるぞ」という気持ちに変えました。

とにかく、誰もが死ななくてすむようになりたい。死ぬか殺すか以外の選択肢をわたしたちは一緒に作れるはずだ、と思うようになりました。もちろん、わたしとは全く接点のないひとも含めて。

そして朗読は、拳をつきあげて気持ちを焚きつけるような、生きる方向へ

力ずくでむかうアジテーションに変化しました。

それも、わたしの中ではもう終わったのだと思います。

今、朗読を通じてしたいと思っていることは、それぞれが「自分の生活・人生の中で、別々であること」です。

だから、過去に数え切れないほど読んできた「あなたのドキュメンタリー」は、それが求められていると思う場所以外では、読まなくなりました。「あなドキュ」もわたしの完全な真実ですが、出し方として今はフィットしなくなったのです。でもこれは突き放しではなく、過去を捨てるわけでもありません。

わたしは、わたしだけじゃなく、みんなでやりたい。

わたしたちがそれぞれ個々でいる自尊心はちゃんと美しいから、だから、同じことをみんなで輪になってやるのではなくて、わたしたちがそれぞれひとりずつでいることをみんなでやりたいのです。それぞれが生きていることをそれぞれが叫び・黙り・踊り・勝手にすることをみんなでやりたい。プラカードがわりの言葉を送りたい。

そのために、怒っている気持ちは変わらないけれど、怒りを怒りとしてぶつけるよりもっと手っ取り早くだれもを巻き込んでしまいたい。だって、もし「バラバラでいることをみんなでやっている」という言葉のあやのようにできたら、もうなにもしなくても実現できてしまうのです。……なんかだかもう、最終的には踊り念仏的なことがしたいのかもしれません。

普遍的で想像の空白があるものだけが美しいのではなくて、朗読にもならないようなどうしようもない生活だって同じくらい尊いものであってほしい。今日もポケット中でからまってしまったイヤホンをなおしながら、駅までの道を歩きます。

成宮アイコ

この本は、1ページ目から順番に切り離すことができます。

もし、あなたの気持ちの一部分になれる詩があったら、
お財布や手帳にいれたり、ノートにはさんだりして、
生活のお守りにしてもらえたらうれしいです。

そして、わたしやあなたに似た人がいたら、
ぜひそのページをプレゼントしてあげてほしいです。

人から人へ、水面のように言葉が広がっていきますように。（著者）

成宮アイコ（なるみや・あいこ）

機能不全家庭で育ち、不登校・リストカット・社会不安障害を経験。赤い紙に書いた「生きづらさ」と「社会問題」をテーマにした詩や短歌を読み捨てていくスタイルのライブは、ポエトリーリーディングならぬスクリーミングと呼ばれることもある。フジテレビ「スーパーニュース」、NHK「福祉ネットワーク」や「朝日新聞」「東京新聞」をはじめ全国の新聞で紹介され、東京・新潟・大阪を拠点に各地で興行。県主催のシンポジウム、地下ライブハウス、サブカルチャー系トークイベントなど多ジャンルに出演。EX大衆web・TABLO・Rooftopにてコラム連載中。好きな詩人はつんく♂さん。好きな文学は風俗サイト写メ日記。趣味はアイドルとプロレス。著書に『あなたとわたしのドキュメンタリー』（書肆侃侃房）がある。

http://aico-narumiya.info

成宮アイコ朗読詩集

伝説にならないで
ハロー言葉、あなたがひとりで打ち込んだ文字はわたしたちの目に見えている

2019年8月15日　初版第1刷発行
定価1,500円

著　者　成宮アイコ
発行者　晴山生菜
発行所　株式会社 皓星社
　　　　〒101-0051 東京都千代田区神田神保町3-10宝栄ビル6階
　　　　TEL 03-6272-9330　　FAX 03-6272-9921
　　　　Mail book-order@libro-koseisha.co.jp
　　　　ウェブサイト http://www.libro-koseisha.co.jp

装　幀　著者自装

印刷・製本　株式会社東京印書館

乱丁・落丁本はお取替えいたします。

ISBN 978-4-7744-0682-4
©2019 Narumiya Aiko Printed in Japan